LA FAUSSE AGNÈS,

OU

LE POÈTE CAMPAGNARD,

COMÉDIE EN TROIS ACTES,

DE NÉRICAULT DESTOUCHES;

Représentée, pour la première fois, par les Comédiens ordinaires du Roi, le lundi 12 mars 1759.

NOUVELLE ÉDITION,
CONFORME A LA REPRÉSENTATION.

PRIX : 1 FR. 50 CENT.

A PARIS,
CHEZ J.-N. BARBA, LIBRAIRE,
ÉDITEUR DES ŒUVRES DE MM. PIGAULT-LEBRUN, PICARD et ALEX. DUVAL,
PALAIS-ROYAL, DERRIÈRE LE THÉATRE FRANÇAIS, N°. 51.

1823.

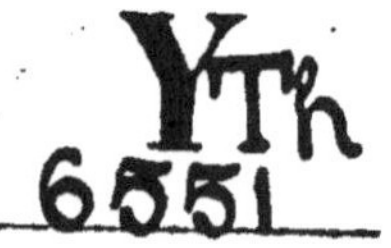

PERSONNAGES.

LE BARON DE VIEUXBOIS.
LÉANDRE, amant d'Angélique.
M. DES MAZURES, autre amant d'Angélique.
LE COMTE DES GUÉRETS, gentilhomme campagnard.
LE PRÉSIDENT.
L'OLIVE, valet de Léandre.

LA BARONNE DE VIEUXBOIS.
ANGÉLIQUE, fille aînée du Baron et de la Baronne de Vieuxbois.
BABET, fille cadette.
LA COMTESSE DES GUÉRETS.
LA PRÉSIDENTE.

LAQUAIS.

La scène est en Poitou, dans le château du Baron.

Nota. On a observé, dans l'impression, l'ordre des places des personnages, en commençant par la gauche des spectateurs (ce qui est la droite des acteurs). Les changemens de places sont indiqués par des renvois au bas des pages.

Les noms des personnages imprimés en caractères *italiques*, indiquent qu'ils ne sont pas sur le devant de la scène.

D. L. P.

IMPRIMERIE DE FAIN, PLACE DE L'ODÉON.

LA FAUSSE AGNÈS,

OU

LE POÈTE CAMPAGNARD,

COMÉDIE.

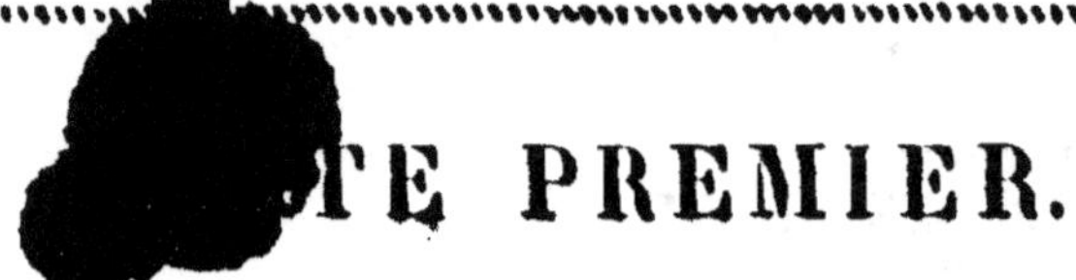

TE PREMIER.

(Le théâtre représente un Salon.)

SCÈNE PREMIÈRE.

LE BARON, ANGÉLIQUE.

LE BARON.

On çà! ma fille, parlez-moi naturellement. Je m'aperçois, depuis quelques jours, que vous êtes triste et rêveuse; sans doute que vous regrettez le séjour de Paris?

ANGÉLIQUE.

Hélas!

LE BARON.

Voilà un hélas qui me fait voir que j'ai deviné juste. Tu t'ennuies ici, ma pauvre enfant.

ANGÉLIQUE.

Non, mon père, je ne m'y ennuie pas; et ce séjour aurait mille agrémens pour moi, si on m'y laissait disposer de moi-même: mais à peine suis-je arrivée, qu'on parle de me marier, et avec qui? avec un provincial. Que dis-je, un provincial? un campagnard; et, qui pis est, un campagnard bel esprit. Quelle société pour une fille comme moi, élevée dans le grand monde, et accoutumée au commerce des gens de la Cour et de Paris les plus polis et les plus spirituels!

LE BARON.

Ah ! ma pauvre fille, l'éducation que ta tante t'a donnée, te rendra malheureuse. Tu as trop d'esprit et de perfections pour ce pays-ci.

ANGÉLIQUE.

Eh ! pourquoi voulez-vous donc m'y attacher ?

LE BARON.

Moi, je ne veux rien. C'est ma femme qui veut.

ANGÉLIQUE.

N'êtes-vous pas le maître ?

LE BARON.

Oui, corbleu ! je le suis.

ANGÉLIQUE.

Mais ma mère vous engage toujours à être de son avis.

LE BARON.

Je n'ai point honte de l'avouer, c'est une femme d'un mérite prodigieux, d'une raison et d'un jugement au-dessus de son sexe ; une femme qui m'aime à l'adoration, quoiqu'il y ait vingt-cinq ans que nous sommes mariés.

ANGÉLIQUE.

Ah ! s'il m'était permis de vous parler naturellement.

LE BARON.

Eh bien ! que me dirais-tu ?

ANGÉLIQUE.

Que ma mère abuse de votre facilité.

LE BARON.

Et en quoi, s'il vous plait ?

ANGÉLIQUE.

En ce qu'elle vous fait rompre un mariage très-avantageux que ma tante avait ménagé pour moi, à Paris, et vous force à me faire épouser un personnage qui ne me convient en aucune façon.

LE BARON.

Corbleu ! madame votre mère a raison. Ce Léandre, dont vous êtes coiffée, n'est point du tout votre fait. Il y a quatre cents ans que dans ma famille nous sommes gueux de père en fils, pour n'avoir pas voulu nous mésallier ; et je refuserais pour mon gendre le plus riche parti de France qui ne pourrait pas me prouver que ses ancêtres ont marché aux premières croisades.

ANGÉLIQUE, *à part.*

Quel entêtement! (*Haut.*) Le mérite se mesure-t-il à l'ancienneté des familles? Ah! mon père, souffrirez-vous qu'on m'arrache à ce que j'aime, pour me sacrifier à ce que je n'aimerai point?

LE BARON.

Ne te désespère pas, mon enfant: tu verras aujourd'hui M. des Mazures, et je te réponds qu'il te charmera.

ANGÉLIQUE.

Et moi, je vous réponds qu'il me paraîtra tel qu'il est; c'est-à-dire, le plus suffisant, le plus fat, et le plus ridicule de tous les hommes.

LE BARON.

Ouais! mademoiselle de Vieuxbois, vous êtes bien délicate! Comment faut-il donc qu'un homme soit fait pour vous plaire?

ANGÉLIQUE.

Comme Léandre; qu'il soit honnête homme, qu'il ait vécu dans le monde, et qu'il y ait acquis cette politesse, ces manières aisées, nobles et gracieuses, qui ne tiennent rien de la sotte présomption, du ridicule, et de l'affectation de la plupart des gens de province.

LE BARON.

Ah! si votre mère vous entendait raisonner de la sorte...

ANGÉLIQUE.

Aidez-moi à la désabuser de M. des Mazures. Je me jette à vos genoux pour obtenir cette grâce, et je me flatte que vous ne me la refuserez pas.

LE BARON.

Je vous aime, ma fille, et je ferai de mon mieux pour que l'on ne force point vos inclinations.

ANGÉLIQUE.

Daignez dire quelques mots en faveur de Léandre.

LE BARON.

Mais je ne le connais que de réputation. S'il était ici, je soutiendrais bien mieux sa cause.

ANGÉLIQUE.

Eh bien! promettez-moi de prendre son parti, et je vous promets qu'il vous appuiera bientôt lui-même.

LE BARON.

Comment cela se peut-il? il est à Paris.

ANGÉLIQUE.

Il n'est pas si loin de nous que vous le croyez. Mais je ne puis vous en dire davantage à présent : voici ma mère.

SCÈNE II.

LE BARON, LA BARONNE, ANGÉLIQUE.

LA BARONNE, *tenant une lettre à la main.*

Ah! ma fille, que vous allez être heureuse! M. des Mazures sera ici dans un moment. Il me prévient sur son arrivée, par une lettre en vers que je trouve admirable. Tenez, mademoiselle, lisez-nous cette lettre, et apprenez-la par cœur. Vous, monsieur le Baron, écoutez de toutes vos oreilles.

ANGÉLIQUE *lit.*

« Pour vous voir au plus tôt, cousine incomparable,
» J'accours et par monts et par vaux...

LA BARONNE.

C'est de moi qu'il parle, au moins.

ANGÉLIQUE.

Je le vois bien, madame.

LA BARONNE.

Cousine incomparable! En vérité, ce garçon-là écrit bien!

ANGÉLIQUE *lit.*

« Pour vous voir au plus tôt, cousine incomparable,
» J'accours et par monts et par vaux,
» Brûlant d'être aux genoux du soleil adorable,
» Dont la possession guérira tous mes maux.

(Faisant la révérence.)

Est-ce vous aussi, madame, qui êtes son soleil?

LA BARONNE.

Non, mademoiselle; cet article-là vous regarde.

ANGÉLIQUE.

Et de quels maux votre cousin veut-il que je le guérisse?

LA BARONNE.

Cela est bien difficile à deviner! Ses maux sont l'absence, l'impatience, les inquiétudes, les peines, les tourmens de l'amour. N'est-il pas vrai, monsieur le Baron?

LE BARON.

Cela s'entend, m'amour.

ANGÉLIQUE.

Comment puis-je lui causer tous ces maux, puisqu'il ne m'a jamais vue?

LA BARONNE.

Quelle absurdité pour une fille d'esprit! Sur le récit que nous lui avons fait, il s'est formé de vous une idée charmante : cette idée le presse, l'agite, le met tout en feu; et quand une personne est toute en feu, vous m'avouerez qu'elle n'est pas à son aise. Je sais ce que c'est que ces états-là; (*regardant tendrement le Baron*) j'y ai passé, mon cher Baron.

LE BARON, *tendrement.*

Et moi aussi, mon aimable Baronne.

LA BARONNE, *à Angélique.*

Continuez.

ANGÉLIQUE *lit.*

» L'amour jour et nuit me lutine,
» Et m'a tout criblé de ses traits;
» Mais l'épouse qu'on me destine
» Va me mettre à couvert de sa main assassine,
» Sous le retranchement de ses divins attraits.

LA BARONNE.

Cet endroit-ci n'est pas clair; mais c'est ce qui en fait la beauté.

LE BARON.

Assurément. Quand je lis quelque chose, et que je ne l'entends pas, je suis toujours dans l'admiration.

LA BARONNE, *à Angélique*

Achevez.

ANGÉLIQUE.

Dispensez-m'en, s'il vous plait.

LA BARONNE.

Achevez, vous dis-je. Il semble que vous ayez perdu le goût des bonnes choses.

ANGÉLIQUE *lit.*

» La charmante Angélique est si spirituelle,
» Qu'on est charmé, dit-on, de tout ce qu'elle dit.
» Ainsi, puisque l'hymen va m'unir avec elle,
» J'épouse, non un corps, mais j'épouse un esprit. »

LA BARONNE.

En vérité, voilà une pointe admirable!

LE BARON.

Oh! cela est divin! cela est divin!

LA BARONNE, *à Angélique.*

Je voudrais bien savoir si vos beaux esprits de Paris sont capables de produire d'aussi jolies choses?

ANGÉLIQUE.

Non, en vérité, madame; ils ont le goût trop simple pour cela.

LA BARONNE.

Vous m'avouerez qu'un homme de qualité qui fait de si beaux vers, doit trouver bientôt le chemin de votre cœur.

ANGÉLIQUE.

Je vous jure qu'il n'en approchera pas, s'il n'a point d'autre mérite que celui-là.

LA BARONNE.

Il me paraît que l'air de Paris vous a donné bien de la suffisance.

ANGÉLIQUE.

Non, madame; mais il m'a formé le goût.

LA BARONNE.

Vous nous prenez donc pour des grues, nous autres gens de province?

ANGÉLIQUE.

A Dieu ne plaise.

LA BARONNE.

Monsieur le Baron, avez-vous donné ordre à votre notaire de dresser les articles du contrat?

LE BARON.

Pas encore, madame la Baronne; il n'y a rien qui presse.

LA BARONNE.

Il n'y a rien qui presse, monsieur le Baron? Ne sommes-nous pas convenus que nous signerions ce soir, et que nous ferions la noce tout de suite?

LE BARON.

Cela est vrai; mais Angélique ne me paraît pas si pressée que nous. Donnons-lui le temps de connaître M. des Mazures, de lui rendre justice, et de prendre du goût pour lui.

LA BARONNE.

Est-ce là votre avis, mon cœur?

LE BARON.

Oui, m'amour; et je vous prie que ce soit aussi le vôtre.

LA BARONNE.

Hélas! volontiers, si cela vous fait plaisir.... Mais (*en lui faisant des minauderies*) si vous vouliez bien ne me pas donner ce chagrin-là,... je vous aurais tant d'obligation!

LE BARON.

Eh! quel chagrin cela peut-il vous causer?

LA BARONNE, *en pleurant*.

Quel chagrin, cruel que vous êtes! Si le mariage ne se conclut pas ce soir, vous m'enterrerez demain matin.

LE BARON.

Ah! je ne savais pas cela. Corbleu! il ne sera pas dit que ma femme soit morte pour avoir eu trop de complaisance pour moi, Je suis votre maître, mais je ne suis pas votre tyran. Je vous confie tous mes droits; ordonnez, ma chère Baronne, ordonnez; et faites bien valoir mon autorité.

(Il sort.)

SCÈNE III.

LA BARONNE, ANGÉLIQUE.

ANGÉLIQUE, *à part*.

Ah! mon pauvre père, que vous êtes faible!

LA BARONNE, *s'essuyant les yeux.*

Oh! çà, mademoiselle, vous voyez qu'on n'appelle point ici de mes volontés, et que, dès que je me suis mis quelque chose en tête, il faut que cela passe. Ainsi point de raisonnement, et songez à m'obéir.

ANGÉLIQUE.

Daignez vous ressouvenir que vous êtes ma mère, et que la tendresse que j'ai lieu d'attendre de vous doit vous inspirer la bonté d'entrer un peu dans mes sentimens.

LA BARONNE.

Et le respect doit vous faire céder aux miens.

ANGÉLIQUE.

Je ne m'en éloignerai jamais que dans l'occasion dont il s'agit.

LA BARONNE.

C'est dans celle-ci précisément que j'exige de vous une parfaite obéissance; et vous épouserez dès ce soir M. des Mazures. Mais quel bruit est-ce que j'entends? C'est le jardinier qui querelle son valet apparemment.

SCÈNE IV.

LÉANDRE *et* L'OLIVE *déguisés en paysans;* LA BARONNE, ANGÉLIQUE.

L'OLIVE, *à Léandre.*

Oh! oh! monsieur le paresseux, vous croyez donc que vous n'êtes ici que pour avoir les bras croisés, et vous donner du bon temps?

LA BARONNE, *à l'Olive.*

De quoi s'agit-il, maître Pierre?

L'OLIVE.

De ce coquin-là, qu'il n'y a pas moyen de faire travailler. (*A Léandre.*) Tu prétends donc, maître ivrogne, manger le pain des honnêtes gens sans le gagner?

LÉANDRE.

Acooutez, maître Pierre, vous êtes un brutal, sauf correction; mais je le suis aussi quand je m'y boute.

L'OLIVE.

Je suis un brutal, monsieur le maroufle! Si ce n'était le respect que j'ai pour madame...

ANGÉLIQUE.

En vérité, maître Pierre, il me semble que vous maltraitez un peu trop ce garçon-là.

L'OLIVE.

Avec votre parmission, mademoiselle, ce ne sont pas là vos affaires. (*A Léandre.*) Ah! je suis donc un brutal!

LÉANDRE.

Morgué!

L'OLIVE.

Morgué! tatigué! ventregué! Tu n'es qu'un sot, entends-tu, Nicolas? un fainéant, un sac à vin, un...

ANGÉLIQUE.

Le pauvre garçon me fait pitié. Ne souffrez pas, madame, que maître Pierre le traite si durement.

LA BARONNE.

Doucement, maître Pierre: pourquoi l'accables-tu d'injures, et veux-tu me donner mauvaise opinion de lui?

L'OLIVE.

Morgué! c'est qu'il veut se mêler de jaser, au lieu de faire sa besogne.

LA BARONNE.

De jaser! et sur quoi?

L'OLIVE.

Sur vous, sur monsieur le Baron, sur mademoiselle Angélique.

LA BARONNE.

Ah! ah! ceci n'est pas mauvais; et que dit-il de nous?

L'OLIVE.

On le prendrait pour un innocent; mais, morgué! ne vous y fiez pas: c'est un songe-creux, je vous en avartis.

LA BARONNE.

Mais encore, que dit-il de monsieur le Baron?

L'OLIVE.

Il dit...

LÉANDRE, *à la Baronne.*

Ne l'écoutez pas, madame, je vous prie.

LA BARONNE.

Pardonnez-moi, je suis bien aise de savoir vos pensées, monsieur Nicolas. (*A l'Olive.*) Eh bien?

L'OLIVE.

Eh bien, madame, quand monsieur le Baron nous ordonne quelque chose, savez-vous bien ce que dit Nicolas?

LA BARONNE.

Quoi?

L'OLIVE.

Morgué! se dit-il, ça mérite confirmation.

LA BARONNE.

Comment confirmation! qu'est-ce que cela signifie?

L'OLIVE.

Ça signifie qu'il se moque des ordres de mons'eur, et qu'il ne veut jamais les suivre, qu'après que vous les avez confirmés.

LA BARONNE.

Mais vraiment cela n'est point sot.

L'OLIVE.

Ensuite il se met à parler de vous, il n'y a pas moyen de le faire finir.

LA BARONNE.

A parler de moi! Et quels sont ses discours?

L'OLIVE.

Par la ventreguoi! se dit-il, la brave femme que c'te madame la Baronne! All' a pu d'esprit dans son petit doigt, que monsieur le Baron dans tout son corps. Morgué! qu'alle a bon air! qu'alle a bonne méne! Que je sis aise quand je la vois!

LA BARONNE.

Ce pauvre Nicolas! Sa physionomie m'a plu d'abord.

LÉANDRE.

Grand merci, madame.

LA BARONNE, *à Angélique.*

Il n'est point mal bâti, ce garçon-là.

ANGÉLIQUE.

Non vraiment, madame.

LÉANDRE, *faisant des révérences niaises.*

Ah! vous vous moquez.

LA BARONNE.

Il a les yeux vifs, et le regard touchant.

ANGÉLIQUE.

Oui, je m'en aperçois.

LÉANDRE, *tournant son chapeau.*

Oh! pour ce qui est d'en cas de ça...

LA BARONNE.

Et que pense-t-il de ma fille?

L'OLIVE.

Oh! dispensez-moi de le dire en présence de mademoiselle.

LA BARONNE.

Non, non, je veux savoir à fond tous ses sentimens. Cela me divertit.

L'OLIVE.

Eh bien, madame, puisqu'il faut vous déclarer tout, mademoiselle n'a pas le bonheur de lui plaire.

ANGÉLIQUE, *en souriant.*

Je suis bien malheureuse, monsieur Nicolas.

LÉANDRE, *cachant son visage avec son chapeau.*

Oh! pardonnez-moi, mademoiselle.

L'OLIVE.

Il dit, madame, qu'elle a l'air d'être votre mère, et que vous avez l'air d'être sa fille.

ANGÉLIQUE.

Il a raison.

LÉANDRE.

Ça vous plait à dire.

L'OLIVE.

Et qu'il aimerait mieux épouser vingt femmes comme vous, l'une après l'autre, que deux filles comme mademoiselle.

LA BARONNE.

Cela est réjouissant. (*Elle tire sa bourse.*) Tiens, Nicolas (1), voilà de quoi boire à ma santé.

(Elle lui donne de l'argent.)

LÉANDRE.

Oh! madame.

LA BARONNE.

Prends, te dis-je. Maître Pierre, je vous défends de maltraiter ce garçon-là, ni d'effet, ni de paroles.

(LÉANDRE passe à l'OLIVE, sans que la Baronne le voie, l'argent qu'elle lui a donné.)

(1) L'Olive, Léandre, la Baronne, Angélique.

L'OLIVE.

Ça suffit.

LA BARONNE.

Je veux qu'on le ménage, qu'on ait des égards pour lui, qu'on le nourrisse bien, qu'on le laisse dormir tant qu'il voudra, et qu'on n'épuise point ses forces par un travail excessif; en un mot, qu'on l'engraisse. A propos, il faut que j'aille donner mes ordres pour le dîner : je prétends qu'il soit magnifique, et digne de la compagnie qui nous vient. Retournez à votre jardin, mes enfans. Un petit mot, Nicolas : je vous ordonne de m'apporter un bouquet tous les matins : n'y manquez pas, je vous en avertis.

LÉANDRE.

Oh ! je n'ai garde.

(La Baronne sort.)

SCÈNE V.

L'OLIVE, LÉANDRE, ANGÉLIQUE.

(Dès que la Baronne est sortie, ils se mettent tous trois à rire, en regardant si on ne les écoute point.)

L'OLIVE.

Eh bien ! qu'en dites-vous, mademoiselle? ne jouons-nous pas bien nos rôles?

ANGÉLIQUE.

A ravir, et vous m'avez extrêmement divertie l'un et l'autre : il n'y a qu'une chose qui m'a choquée, c'est que tu traites ton maître trop rudement.

L'OLIVE.

C'est pour mieux cacher notre jeu. D'ailleurs, je vous avoue que je ne suis pas fâché de prendre un peu ma revanche. Quel plaisir pour un valet de chambre, d'appeler impunément son maître maroufle, ivrogne, coquin, paresseux ! Je rends aujourd'hui à monsieur les belles épithètes dont il m'honore tous les jours.

LÉANDRE, *en riant.*

Mon temps reviendra, laisse-moi faire. Mais supprimons les discours inutiles. Laissez-moi jouir, belle Angélique, de la liberté, qui me reste encore, de baiser cette main qu'on veut me ravir.

ANGÉLIQUE.

N'oubliez pas, au moins, de porter tous les matins un bouquet à ma mère.

L'OLIVE, *en riant.*

Vous n'y perdrez pas vos pas, Nicolas.

ANGÉLIQUE.

Tout de bon, Léandre, n'êtes-vous pas flatté de cette commission?

LÉANDRE.

En vérité, je vous admire. Comment pouvez-vous être assez tranquille pour me plaisanter dans l'état où nous nous trouvons? Songez-vous que mon rival est sur le point d'arriver?

ANGÉLIQUE.

Et de m'épouser, qui pis est. Le danger est encore plus pressant que vous ne croyez. Ma mère veut qu'on signe aujourd'hui le contrat, et que la noce se fasse immédiatement après.

LÉANDRE.

Et c'est en riant que vous m'annoncez cette nouvelle? Ce sera donc en vain que je vous aurai suivie secrètement depuis Paris jusqu'ici; que nous nous y serons introduits l'Olive et moi, lui en qualité de jardinier, moi comme son valet! Une intrigue aussi bien imaginée, si heureusement conduite, n'aura d'autre succès que de me rendre spectateur du triomphe de mon rival? C'est donc là la récompense de ma fidélité? ce sont donc là les fruits de la foi que nous nous sommes donnée?

ANGÉLIQUE.

Ah! vous voilà monté sur le ton tragique! il vous sied fort bien, Léandre, et vous déclamez à merveille; mais je n'aime point ce ton-là. Rentrons dans le naturel. Le péril est pressant, je l'avoue; cependant, il n'est pas inévitable. Léandre, je vous aime plus que jamais, et je vous jure que je n'aimerai et n'épouserai jamais que vous. Voilà le premier point de mon discours.

L'OLIVE.

Venons au second.

ANGÉLIQUE.

M. des Mazures arrive aujourd'hui pour m'épouser ; et moi, j'ai deux moyens pour éviter ce malheur.

L'OLIVE.

Primò?

ANGÉLIQUE.

De le dégoûter de ma personne, et de le forcer à rompre ses engagemens.

L'OLIVE.

Fort bien! Secondò?

ANGÉLIQUE.

De me sauver d'ici par la petite porte du jardin, dont j'ai la clef, et de m'aller jeter dans un couvent, si le premier expédient ne réussit pas.

LÉANDRE.

Eh! comment pourriez-vous réussir à dégoûter de vous mon rival? Cela est impossible, vous êtes trop parfaite.

ANGÉLIQUE.

Ne vous aveuglez point, et laissez-moi faire; mais il faut que, de votre côté, vous travailliez adroitement à faire revenir ma mère de ses préjugés pour lui.

L'OLIVE.

Nous avons déjà concerté différens moyens pour cela.

ANGÉLIQUE.

Je connais à fond le personnage qu'on me destine. C'est un provincial très-fat, qui a la folie de se croire le plus grand génie de l'univers, et qui s'est mis en tête qu'une fille n'a de mérite qu'autant qu'elle a de science et d'esprit. Mon dessein est d'avoir au plus tôt quelque conversation particulière avec lui, et d'y affecter tant de naïveté, d'ignorance et de bêtise, qu'il ne puisse pas me souffrir.

LÉANDRE.

Rien n'est mieux imaginé. D'ailleurs, il ne sera pas édifié des discours que nous lui tiendrons, l'Olive et moi; et nous nous promettons.....

ANGÉLIQUE.

Paix! voici ma petite sœur.

SCÈNE VI.

L'OLIVE, LÉANDRE, BABET, ANGÉLIQUE.

BABET, *accourant.*

Ma sœur! ma sœur! je viens vous faire mon compliment.

ANGÉLIQUE.

Et sur quoi?

BABET.

Sur l'arrivée de votre prétendu.

ANGÉLIQUE.

M. Des Mazures est ici?

BABET.

Je viens de le voir.

ANGÉLIQUE.

Que je suis malheureuse!

BABET.

Que vous êtes heureuse, au contraire! Vous allez être mariée. En vérité, les aînées ont un beau privilége, de passer comme cela devant leurs cadettes. Ah! c'est toi, maître Pierre? Bonjour, bonjour, Nicolas.

LÉANDRE.

Mademoiselle Babet, votre serviteur. Que vous êtes jolie!

BABET.

Vraiment, oui, je le suis, je le sais bien; c'est ce qu'on me disait tous les jours à Paris, quand nous y demeurions, ma sœur et moi. Mais, ici, il n'y a personne que toi qui me le dise.

ANGÉLIQUE, *à Léandre.*

Si vous la faites jaser, en voilà pour jusqu'à ce soir.

BABET.

Laissez-nous dire, et allez voir votre prétendu qui vous attend avec impatience.

ANGÉLIQUE.

Enfin le voilà donc arrivé!

BABET.

Et très-arrivé, je vous jure. Je l'ai vu descendre de carrosse. Ah! le beau carrosse! Je crois que c'est un fiacre de rencontre qu'il a acheté à Paris. Les glaces en sont vitrées à petits carreaux, comme les fenêtres de ma chambre.

L'OLIVE.

Cela est d'un goût tout nouveau.

BABET.

Ses trois chevaux sont encore plus étonnans que son carrosse.

ANGÉLIQUE.

Comment! il est venu à trois chevaux?

BABET.

Oui, en arbalète. Celui qui fait la pointe est noir, borgne et boiteux.

LÉANDRE.

Fort bien!

BABET.

Le second est gris pommelé. Le troisième est de toutes couleurs, et plus haut d'un pied que les deux autres; et si maigre, si maigre, que les os lui percent la peau.

ANGÉLIQUE.

Voilà le digne équipage d'un poëte de campagne.

L'OLIVE.

Ma foi, il est encore mieux monté que ceux de Paris.

BABET.

Comment, maître Pierre, vous avez donc été à Paris?

L'OLIVE.

Oh! voirement oui, mademoiselle; j'y ai exercé mon métier pendant plus de cinq ans.

BABET.

Je suis bien trompée, si je ne vous y ai vu.

ANGÉLIQUE.

Je ne puis m'empêcher de rire de la description qu'elle vient de nous faire du char pompeux de M. Des Mazures.

BABET.

C'est une chose à voir. Croiriez-vous bien, cependant, que ces trois bêtes éclopées ont voituré ici cinq originaux, sans compter le cocher, et deux manans qui étaient derrière le carrosse? Aussi se sont-elles couchées en arrivant.

L'OLIVE.

Les pauvres animaux n'en relèveront pas.

ANGÉLIQUE.

Et qui sont donc ces quatre personnes qui font cortége à M. Des Mazures?

BABET.

M. le comte et madame la comtesse des Guérets, M. le président de l'élection, et madame sa chère épouse; car c'est ainsi qu'il l'appelle.

L'OLIVE.

Et comment diable avaient-ils pu s'emballer tous ensemble?

BABET.

Comme le carrosse ne peut tenir que trois personnes, madame la comtesse était sur les genoux de M. Des Mazures, et madame la Présidente sur ceux de M. le Comte. Ils disent que cela s'est fort bien passé, excepté qu'ils ont versé deux fois en chemin. Bêtes et gens, tout est crotté depuis la tête jusqu'aux pieds.

ANGÉLIQUE.

Et n'y a-t-il personne de blessé?

BABET.

Personne.

ANGÉLIQUE.

Quoi! pas même M. Des Mazures?

BABET.

Il en est quitte pour une bosse à la tête, et deux ou trois écorchures, parce qu'heureusement ils ont versé dans la boue.

ANGÉLIQUE.

Que n'ont-ils versé dans la rivière!

BABET.

J'entends du bruit; c'est apparemment la compagnie qui vient pour vous voir.

ANGÉLIQUE.

Et moi je m'en vais me cacher, pour la voir le plus tard que je pourrai. (*A Léandre.*) Suivez-moi, Nicolas.

(Elle sort avec Léandre.)

BABET.

Maître Pierre, allons jaser dans le jardin.

(Elle sort avec L'Olive.)

SCÈNE VII.

LA PRÉSIDENTE, LA BARONNE, LA COMTESSE, M. DES MAZURES, LE PRÉSIDENT, LE BARON, LE COMTE.

(On ouvre les deux battans de la porte du fond du théâtre; et l'on voit toutes les personnes qui doivent entrer faire de grandes cérémonies.)

(1) *LA COMTESSE.*

Madame la Baronne....

LA BARONNE.

Ah! madame la Comtesse, je suis dans mon château, et vous me permettrez d'en faire les honneurs.

LA COMTESSE.

Passez donc, s'il vous plait, madame la Présidente.

LA PRÉSIDENTE, *d'un ton précieux.*

Juste ciel! que me proposez-vous, madame la Comtesse!

LA COMTESSE.

Eh! de grâce, madame la Présidente....

LA PRÉSIDENTE.

Mais, mais, en vérité, vous me rendez confuse, madame la Comtesse.

LA COMTESSE.

Mais, madame....

LA PRÉSIDENTE.

Mais, madame....

LA COMTESSE.

Je m'en vais donc m'en retourner.

LA PRÉSIDENTE.

Et moi aussi, je vous assure.

M. DES MAZURES, *se mettant entre la Comtesse et la Présidente.*

Je vois bien, mesdames, qu'il vous faut l'entremise d'un homme de tête, pour ajuster ce différent! Donnez-moi la main l'une et l'autre.

(Elles lui donnent la main, et il les fait entrer toutes deux sur le théâtre (2): après quoi le Comte et le Président font les mêmes cérémonies à la porte; le Baron allant tantôt à l'un et tantôt à l'autre pour les faire passer.)

(1) La Comtesse, la Baronne, la Présidente.

(2) La Présidente, la Baronne, M. Des Mazures, la Comtesse.

LE COMTE.

Monsieur le Président, j'espère que vous ne serez pas si cérémonieux que madame la Présidente.

LE PRÉSIDENT.

Monsieur le Comte, je sais aussi bien mon devoir que ma chère épouse.

LE COMTE, *d'un ton brusque.*

Oh! parbleu, vous passerez.

LE PRÉSIDENT, *d'un ton doucereux.*

Sur mon honneur, je ne passerai pas.

LE COMTE, *s'appuyant d'un côté de la porte.*

Je demeurerai donc ici jusqu'à ce soir.

LE PRÉSIDENT, *s'appuyant de l'autre côté.*

Et moi, je garderai mon poste jusqu'à demain matin.

LE COMTE.

Têtebleu! on m'assommera plutôt que de me faire démarrer d'ici.

LE PRÉSIDENT.

Et on m'écorchera tout vif plutôt que de me faire faire un pas.

M. DES MAZURES.

Vous verrez que je suis destiné à terminer ici toutes les disputes de civilité. (*Il sort, leur donne la main comme aux dames, pour les faire passer tous deux ensemble; ils résistent l'un et l'autre, et il les tire si fort qu'il fait un faux pas, et pense tomber avec eux.*) (1) C'est une belle chose que la politesse! Croiriez-vous bien qu'elle ne règne plus que dans les provinces? Vivent les provinces pour les manières! On se pique à Paris d'un petit air aisé, qui est la grossièreté même.

LA COMTESSE.

Vous me surprenez. Je croyais que c'était à Paris que l'on apprenait les belles manières.

M. DES MAZURES.

Eh! fi donc, avec votre Paris; on n'y a pas le sens commun. Le diable m'emporte, madame, si on y sait ce que c'est que cérémonie. Qu'un homme de qualité comme moi,

(1) La Présidente, le Président, le Baron, la Baronne, M. Des Mazures, la Comtesse, le Comte.

par exemple, passe dans vingt rues de suite, il ne se trouvera pas un faquin qui le regarde, ni qui s'avise de le saluer. Les conditions n'y sont point distinguées. Un petit commis de la douane y marche aussi fièrement qu'un colonel; et vous prendriez une procureuse au Châtelet pour une présidente.

LA PRÉSIDENTE.

Pour une présidente! Mais, en vérité, cela est monstrueux.

M. DES MAZURES.

Je veux être un coquin, madame, si je n'en suis pas scandalisé jusqu'au fond du cœur. La première visite que je rendis à Paris, ce fut chez une dame de condition, qui a l'honneur d'être un peu de mes parentes. Vous jugez bien que je pris la précaution de me faire annoncer, afin qu'on me fît les civilités qui m'étaient dues. Je crus qu'au nom de M. Des Mazures il s'allait faire un mouvement général, et que chacun se lèverait pour m'offrir sa place...

LA BARONNE.

Cela était dans l'ordre.

M. DES MAZURES.

Je veux être damné, si de dix hommes et d'autant de dames qui jouaient dans la salle, une seule âme se leva pour me faire honneur. La dame du logis, sans quitter ses cartes, ni souffrir que personne s'interrompît, se contenta de s'écrier: « Holà! quelqu'un! approchez un siége à monsieur; » ensuite, après m'avoir invité légèrement à m'asseoir, elle se remit à jouer sur nouveaux frais. Quand je sortis, je fis grand bruit, afin que tout le monde se levât pour me reconduire...

LE BARON.

Eh bien?

M. DES MAZURES.

Bon! j'étais hors de la salle, qu'on ne s'était pas seulement aperçu que je me fusse levé. J'allai dans deux ou trois autres maisons. Croiriez-vous bien que j'y fus reçu avec aussi peu de cérémonie?

LA COMTESSE.

En vérité, cela crie vengeance.

M. DES MAZURES.

Oh! je me vengeai bien aussi.

LE BARON.

Et de quelle manière?

M. DES MAZURES.

Parbleu! je ne restai que vingt-quatre heures à Paris, et j'en partis sans aller à la cour. Mais le feu de la conversation m'entraîne, et me fait oublier que mon soleil n'est point ici.

« Ne puis-je savoir en quels lieux
» Il fait briller le feu des rayons de ses yeux? »

LA BARONNE.

Je crois, Dieu me le pardonne, qu'il nous parle en vers.

LA COMTESSE.

Vraiment oui, madame, cela ne lui coûte rien.

M. DES MAZURES.

La langue des dieux est ma langue maternelle.

LA COMTESSE.

Qu'il a d'esprit!

M. DES MAZURES, *d'un air de confiance.*

Oh! madame....

LA PRÉSIDENTE.

Il en a plus qu'il n'est gros.

M. DES MAZURES.

Mais, mais, madame....

LA BARONNE.

Il est toujours brillant, et toujours nouveau.

M. DES MAZURES.

Oh! palsambleu, madame... Je m'en vais bien m'exercer avec le bel ange qu'on me destine; car on dit que c'est un prodige.

LA BARONNE.

Écoutez, ce n'est pas parce qu'elle est ma fille, mais je vous avertis qu'elle vous surprendra.

LE BARON.

C'est une fille qui sait tout.

M. DES MAZURES.

Parbleu! nous aurons de vives conversations; que de saillies! que de pointes! que de fines équivoques!

« Je brûle de voir cette belle
» Qui va me donner le transport.
» Déjà mon cœur ne bat plus que d'une aile ;
» A l'aide ! je meurs, je suis mort. »

LA COMTESSE.

Ma chère Baronne, c'est un impromptu !

LA BARONNE.

Qui n'est pas fait à loisir, je vous en réponds.

LE BARON, *frappant de sa canne.*

Corbleu ! voilà un furieux génie !

LA PRÉSIDENTE.

C'est une source inépuisable !

LA COMTESSE.

Il surprend toujours.

LA BARONNE.

Il ne dit pas un mot qui ne mérite d'être imprimé.

(Pendant tous ces éloges, M. Des Mazures s'applaudit lui-même.)

M. DES MAZURES.

Je veux vous conter la dispute que j'ai eue avec deux beaux esprits de Paris, que je fis bien bouquer. Un jour...

LA BARONNE.

Vous nous conterez cela dans le jardin. Allons faire deux ou trois tours en attendant qu'on ait servi.

M. DESMAZURES.

Allons.

« Mon tendre cœur à chaque instant s'enflamme :
» Je brûle d'y trouver cet objet sans pareil,
» Ses yeux remplis de feu vont pénétrer mon âme ;
» Comme l'aigle, les miens vont fixer ce soleil. »

FIN DU PREMIER ACTE.

ACTE SECOND.

SCÈNE PREMIÈRE.

LA BARONNE, L'OLIVE, LÉANDRE.

LÉANDRE.

PARGUÉ! madame, je ne saurais deviner pourquoi vous nous querellez! J'avais eu dessein de faire honneur à votre gendre. Je li avons fait de biaux complimens qu'il a pris pour des injures. Est-ce notre faute, s'il a l'esprit mal tourné? Il est fâché! Eh bien! qu'il se défâche. Je m'en gobarge.

LA BARONNE.

Ah! ah! ceci n'est pas mauvais. Vous faites l'entendu, monsieur Nicolas? Mais ne le prenez pas sur ce ton-là; car je pourrais bien vous chasser, je vous en avertis.

LÉANDRE.

Eh bian! bian! si vous me chassez, je sais bian ce que je ferai.

LA BARONNE.

Et que ferez-vous?

LÉANDRE, *mettant les mains sur ses côtés.*

Je m'en irai.

LA BARONNE.

Le petit brutal! Et moi je veux que vous restiez. Maître Pierre, fais-lui donc entendre qu'il me manque de respect.

L'OLIVE.

Écoute, Nicolas; il n'y a qu'un mot qui serve. Madame est fâchée contre toi; mais alle est fâchée d'être fâchée. Allons, demande-lui pardon bien tendrement : n'est-ce pas, madame?

LA BARONNE.

Tendrement, respectueusement, comme il voudra.

LÉANDRE.

Pardon ! Je n'en ferai rien : alle est trop affolée de son M. Des Mazures.

LA BARONNE.

Mais dis-moi ; tu n'approuves donc pas que je lui donne ma fille?

LÉANDRE.

Non, morgué ! je ne l'approuve pas.

L'OLIVE.

Ah ! vraiment il n'a garde. Depuis que vous voulez marier votre cousin à mademoiselle Angélique, Nicolas est devenu de si mauvaise himeur, qu'il n'y a pas moyan de vivre avec li.

LA BARONNE.

Cela est admirable ! Et de quoi vous mêlez-vous?

LÉANDRE.

C'est que je sis amoureux.....

LA BARONNE, *en colère.*

De ma fille?

LÉANDRE.

Non ; de votre honneur. Tout le monde se moquera de vous, si vous faites ce mariage-là.

LA BARONNE, *en riant.*

Je vous dis qu'il faudra que je le consulte pour disposer de ma fille !

LÉANDRE.

Morgué! vous n'en feriez pas pus mal. Si vous me consultiez, je sais bien à qui vous la bailleriez.

L'OLIVE.

Et moi aussi.

LA BARONNE.

Et à qui?

LÉANDRE.

A celui qu'alle aime, et non à celui qu'alle n'aime pas.

LA BARONNE.

Oh ! oh ! tu me parais bien instruit ! Est-ce que ma fille t'a choisi pour son confident?

LÉANDRE.

Non. Mais je boutrais ma main au feu qu'alle est enragée d'épouser M. Des Mazures; et alle n'a pas tort.

LA BARONNE.

Elle n'a pas tort?

LÉANDRE.

Non, voirement. Il n'y a pas pus d'une heure que je connais votre cousin, et je ne pis le souffrir, moi qui vous parle. Sa philosomie m'a choqué d'abord, je vous le dis tout net; et je me sis, morgué! bian aparçu que mademoiselle Angélique en était encore pus choquée que moi.

LA BARONNE.

Cela n'importe; je veux qu'elle l'épouse.

LÉANDRE.

Oh! vous voulez, vous voulez : ça est bian aisé à dire; mais ça n'est pas encore fait, je vous en avartis.

LA BARONNE.

Non, mais cela sera fait ce soir indubitablement.

LÉANDRE.

Ça causera du charivari, je vous le prédis.

LA BARONNE.

Je me moque de tout, il faut qu'elle obéisse.

LÉANDRE.

Et, si alle ne le peut pas? Ne m'avez-vous pas dit, maître Piarre, que vous li aviez entendu parler avec mademoiselle Babet, d'un certain monsieur qu'alle aimait à Paris, et que sa tante voulait li bailler pour mari?

L'OLIVE.

Oui, morgué! elle en est bian assotée. Alle dit que c'est un homme noble, qui n'a pas plus de vingt-cinq ans, qui a biaucoup de bian, qui est colonel, qui est bian bâti, qui a de l'esprit, de l'esprit comme un enragé, et qui a été si fâché, si fâché, quand alle est partie pour en épouser un autre, qu'il a juré son grand juron que si ça se faisait, il viendrait ici tout exprès pour couper les oreilles à votre gendre.

LA BARONNE.

Pour lui couper les oreilles?

LÉANDRE.

Oui, et qu'il les attacherait à la grande porte de votre chaquiau.

LA BARONNE.

Qu'il vienne, qu'il vienne, et qu'il se joue à M. Des Mazures, il trouvera à qui parler. Mais le voici fort à propos. Demeurez, il faut que je l'avertisse de ce que vous venez de m'apprendre.

SCÈNE II.

LA BARONNE, M. DES MAZURES, LÉANDRE, L'OLIVE.

LA BARONNE, *allant au-devant de son cousin qui rêve.*

Mon cher cousin, je suis dans une alarme effroyable.

M. DES MAZURES.

Comment? De quoi s'agit-il?

LA BARONNE.

Il s'agit de ce que vous courez risque de la vie.

M. DES MAZURES.

Cousine incomparable, je crois que vous avez raison. Je suis en danger de mourir d'impatience. Je cherche partout mademoiselle votre fille : je la demande à tous les échos d'alentour; ils sont sourds à ma voix, et je ne puis trouver ma déesse. J'ai un torrent de belles pensées qui vont me suffoquer, si elle ne vient pas leur ouvrir le passage.

» L'enthousiasme me possède;
» Inhumaine, barbare, accourez à mon aide! »

LA BARONNE.

Eh! mon Dieu! trêve aux belles pensées. Je vous disis..

M. DES MAZURES.

» Angélique est un ange, et ses divins appas
» Font dans mon tendre cœur un terrible fracas. »

LA BARONNE.

Faites-moi la grâce de m'écouter.

LÉANDRE, *à l'Olive.*

Quel original!

M. DES MAZURES.

Oui, elle est toute charmante, autant que j'en puis juger pour l'avoir entrevue un instant.

LA BARONNE.

Nous en parlerons une autre fois; sachez.....

M. DES MAZURES.

Mais elle m'a piqué au vif, la petite friponne.

LA BARONNE.

Je vous dis.....

M. DES MAZURES.

Car je vois qu'elle me fuit pour échauffer mon amour.

LA BARONNE.

Oh! ne m'écoutez donc pas.

M. DES MAZURES.

Vous avez beau dire, je comprends son adresse. Rien n'est plus délicat, ni plus spirituel.

LA BARONNE.

Mon cousin, vous moquez-vous de moi?

M. DES MAZURES.

C'est vous qui me plaisantez. (*Léandre rit.*) Mais que veulent dire toutes les mines que me fait ce nigaud-là?

LA BARONNE.

Ne vous y trompez pas, il n'est pas si sot que vous le croyez.

M. DES MAZURES.

Parbleu! il en a pourtant bien la mine.

LÉANDRE.

Patience, monsieur Des Mazures, je vous ferons connaître qui je sommes.

L'OLIVE.

Il y a des gens dans ce bas-monde qui pourront bian rabattre votre caquet.

M. DES MAZURES, *d'un air important.*

Dites-moi un peu, messieurs les faquins, qui sont les gens qui rabattront mon caquet?

LÉANDRE, *le contrefaisant.*

Je ne nommons personne.

L'OLIVE, *le contrefaisant aussi.*

Rira bian qui rira le darnier.

M. DES MAZURES.

Qui rira le dernier! Je crois, Dieu me le pardonne, que ces marauds-là me menacent. Sans le respect que j'ai pour vous, ma cousine, je leur apprendrais à parler à un homme de ma qualité.

LÉANDRE, *lui frappant rudement sur l'épaule.*

Ne vous échauffez pas, monsieur Des Mazures; ça pourrait avoir queuque mauvaise suite.

L'OLIVE, *faisant de même.*

Ça est vrai, ça est vrai. Crachez des vars tout votre sou, mais, par la ventreguoi, ne gesticulez point, je vous en avartis.

M. DES MAZURES.

Il est vrai que je me déshonorerais en châtiant moi-même une si vile canaille; mais, si j'appelle mes gens, je leur ferai donner les étrivières.

L'OLIVE.

Vos gens! Sont-ils aussi vigoureux que vos chevaux?

LÉANDRE.

On voit bien qu'ils sont au service d'un poëte; ils ont, morgué! les dents pus longues que les bras.

M. DES MAZURES.

Il faut que j'anéantisse ces marauds-là.

(Il met la main sur la garde de son épée, LA BARONNE le retient; LÉANDRE et L'OLIVE se mettent à rire.)

LA BARONNE.

Que faites-vous, mon cousin? Seriez-vous assez emporté pour frapper mes gens devant moi?

M. DES MAZURES, *d'un ton tragique.*

« Rendez grâce au respect que j'ai pour la Baronne :
» Sortez, faquins, sortez, c'est moi qui vous l'ordonne. »

(LÉANDRE et L'OLIVE se mettent à rire encore plus fort.)

LA BARONNE.

Retirez-vous, mes enfans, et songez aux égards que vous devez à un gentilhomme qui a l'honneur de m'appartenir.

L'OLIVE (1).

Je sortons, pour vous obéir ; mais, tatigué ! je varrons s'il nous fera bailler les étrivières.

LÉANDRE (2).

Je vous baisons les mains, monsieur Des Mazures. (*D'un ton tragique, comme celui qu'a pris M. Des Mazures.*) Venez promener vos belles pensées dans notre jardin, et je vous régalerons d'une salade.

(Il sort.)

L'OLIVE.

Et j'y boutrons la fourniture.

(Il sort.)

SCÈNE III.

LA BARONNE, M. DES MAZURES.

M. DES MAZURES.

Voilà deux marousles bien effrontés ! Il semble qu'on les ait payés pour m'insulter ; mais, s'ils continuent, ma belle cousine, je serai obligé, en conscience, de les faire assommer.

LA BARONNE.

Il y a ici quelque dessous de cartes que nous ne voyons pas. Ne serait-ce point ma fille qui ferait agir et parler ces gens-ci ?

M. DES MAZURES.

Et à quel propos ?

LA BARONNE.

Afin de me refroidir pour vous.

M. DES MAZURES.

Vous croyez donc qu'elle ne m'aime pas ?

LA BARONNE.

Oui vraiment, je le crois.

M. DES MAZURES.

Mais je vous réponds, moi, qu'elle m'épousera de tout son cœur.

LA BARONNE.

Et sur quoi fondez-vous cette confiance ?

(1) M. Des Mazures, la Baronne, Léandre, l'Olive.
(2) La Baronne, M. Des Mazures, Léandre, l'Olive.

M. DES MAZURES.

Sur deux raisons sans réplique, mon mérite, et son bon goût.

LA BARONNE.

Ne vous y fiez pas. Je la crois prévenue pour quelque autre.

M. DES MAZURES.

Tant mieux.

LA BARONNE.

Comment, tant mieux?

M. DES MAZURES.

Sans doute.

« En triomphant de sa flamme amoureuse
» Ma victoire en sera d'autant plus glorieuse. »

LA BARONNE.

A ce qu'il me paraît, mon cousin, vous avez assez bonne opinion de votre petite personne.

M. DES MAZURES.

Quand on est accoutumé à vaincre, on ne craint point d'être battu.

LA BARONNE.

Ma fille n'est pas une provinciale, je vous en avertis; et, puisqu'il faut vous dire tout, celui qu'elle aime est un jeune courtisan des plus accomplis, à ce qu'on m'assure.

M. DES MAZURES.

Et que m'importe? Croyez-vous qu'un courtisan puisse me surpasser en bonne mine, en esprit, en grâces, en talens, en vivacité, en tout ce qui peut toucher et charmer un cœur? Si Angélique était une bête, une innocente, peut-être que mes belles qualités ne la frapperaient pas; mais, étant aussi délicate, aussi spirituelle, et aussi savante que vous le dites, il est aussi impossible qu'elle ne sympathise pas avec moi, qu'il est impossible que l'aimant n'attire pas le fer.

LA BARONNE.

Supposons tout ce que vous croyez; il est certain cependant que vous avez un rival dangereux; qu'on croit qu'il est en ce pays-ci, et qu'il est homme à vous insulter. Ainsi, tenez-vous sur vos gardes. Vous rêvez?

M. DES MAZURES.

« Elle a beau se tenir en garde,
» L'Amour, ce petit dieu qui darde,
» Saura si bien darder son cœur,
» Que le mien tôt ou tard s'en rendra possesseur. »

LA BARONNE.

Oh! vous m'impatientez! Vous rêvez et vous faites des vers, au lieu de profiter de l'avis que je vous donne.

M. DES MAZURES.

Excusez, ma chère cousine. J'ai une si haute idée de l'esprit de mademoiselle votre fille, que je tends tous les ressorts du mien, pour ne pas demeurer court avec elle. Cette pensée m'occupe uniquement, et je serai incapable de vous écouter, jusqu'à ce que j'aie étalé tout mon mérite à ses yeux.

LA BARONNE.

La voici fort à propos.

M. DES MAZURES.

Tout mon embarras est de savoir si j'attaquerai son cœur en vers ou en prose.

LA BARONNE.

En prose, et point de vers, si vous m'en croyez.

SCÈNE IV.

M. DES MAZURES, *LA BARONNE*, *ANGÉLIQUE*.

LA BARONNE, *au fond de la scène, à Angélique*.

Ma fille, comme monsieur doit être ce soir votre mari, je vous laisse un moment avec lui. Faites bien les honneurs de votre esprit, et songez que c'est désormais l'unique personne à qui vous devez tâcher de plaire.

(Elle sort.)

SCÈNE V.

M. DES MAZURES, ANGÉLIQUE.

M. DES MAZURES fait de profondes révérences à Angélique qui les lui rend d'une manière ridicule.)

M. DES MAZURES, *à part*.

Pour une fille qui vient de Paris, voilà des révérences

bien gauches! (*Haut.*) Je crois qu'il faut nous asseoir, mademoiselle, car nous avons de bien jolies choses à nous dire.

(Il approche deux siéges.)

ANGÉLIQUE, *d'un ton niais.*

Tout ce qui vous plaira, monsieur.

(Elle s'assied.)

M. DES MAZURES, *à part.*

C'est la pudeur, apparemment, qui lui donne un air si déconcerté. (*Haut, après s'être assis auprès d'Angélique.*) Voulez-vous, mademoiselle, que nous parlions en vers?

ANGÉLIQUE.

Non, monsieur, s'il vous plait.

M. DES MAZURES.

Eh bien! parlons donc en prose.

ANGÉLIQUE.

Encore moins. Je n'aime point la prose.

M. DES MAZURES.

Oh! oh! cela est nouveau! Comment voulez-vous donc que nous parlions?

ANGÉLIQUE.

Je veux que nous parlions..... comme on parle.

M. DES MAZURES.

Mais quand on parle, c'est en prose ou en vers.

ANGÉLIQUE.

Tout de bon?

M. DES MAZURES.

Eh! assurément.

ANGÉLIQUE.

Ah! je ne savais pas cela.

M. DES MAZURES.

Allons, allons, vous badinez. Prenons le ton sérieux. Je vais vous étaler les richesses de mon esprit, prodiguez-moi les trésors du vôtre. Je sais que c'est le Pactole qui roule de l'or avec ses flots.

ANGÉLIQUE.

Tout de bon? Mais vous me surprenez. (*Lui faisant la révérence.*) Qu'est-ce que c'est qu'un Pactole, monsieur?

M. DES MAZURES, *à part.*

Pour une fille d'esprit, voilà une question bien sotte! (*Haut*) Quoi! vous ne connaissez pas le Pactole?

ANGÉLIQUE.

Je n'ai pas cet honneur-là.

M. DES MAZURES, *à part.*

Elle n'a pas cet honneur-là! Par ma foi la réponse est pitoyable (*Haut.*) Ignorez-vous, mademoiselle, que le Pactole est un fleuve?

ANGÉLIQUE.

C'est un fleuve?

M. DES MAZURES.

Oui, vraiment.

ANGÉLIQUE, *en riant.*

Ah! j'en suis bien aise.

M. DES MAZURES, *à part.*

Oh! parbleu, je m'y perds! Si on appelle cela de l'esprit, ce n'est pas du plus fin assurément.(*Haut.*) Mademoiselle, vous me surprenez à mon tour. Je vous croyais une virtuose.

ANGÉLIQUE.

Fi donc, monsieur, pour qui me preniez-vous? Je suis une honnête fille, afin que vous le sachiez.

M. DES MAZURES.

Mais on peut être une honnête fille, et être une virtuose!

ANGÉLIQUE.

Et moi, je vous soutiens que cela ne se peut pas. Moi, une virtuose!

M. DES MAZURES.

Puisque ce terme vous choque, mademoiselle, je vous dirai plus simplement que je vous croyais une savante.

ANGÉLIQUE.

Oh! pour savante, cela est vrai, cela est vrai.

M. DES MAZURES, *après l'avoir examinée.*

Hom! c'est de quoi je commence à douter. Voyons cependant. Vous savez sans doute la géographie, la fable, la philosophie, la chronologie, l'histoire.

ANGÉLIQUE.

L'histoire ; oui, c'est mon fort.

M. DES MAZURES.

Oh ça! pour commencer par l'histoire, lequel aimez-vous mieux d'Alexandre ou de César? de Scipion ou d'Annibal?

ANGÉLIQUE.

Je ne connais point ces messieurs-là. Apparemment qu'ils ne sont point venus ici depuis que je suis de retour de Paris.

M. DES MAZURES, *à part.*

Ah! nous voilà bien retombés! (*Haut.*) Je vois que vous n'êtes pas forte sur l'histoire ancienne. Peut-être savez-vous mieux celle de France. Combien comptez-vous de rois de France, depuis l'établissement de la monarchie?

ANGÉLIQUE.

Combien?

M. DES MAZURES.

Oui.

ANGÉLIQUE.

Mil huit cent.... (1)

M. DES MAZURES.

Ah! bon Dieu! mil huit cent... rois!

ANGÉLIQUE.

Assurément.

M. DES MAZURES.

Et qui vous a appris cela?

ANGÉLIQUE.

C'est ma nourrice.

M. DES DESMAZURES, *à part.*

Sa nourrice lui a appris l'histoire de France!... (*Haut.*) Mademoiselle, cessez de plaisanter, je vous prie ; car, ou votre père et votre mère m'ont trompé, ou certainement vous vous moquez de moi.

ANGÉLIQUE.

Moi, me moquer de monsieur Des Mazures! ah! j'ai trop de respect pour lui.

(1) Elle dit le millésime de l'année courante.

M. DES MAZURES.

Mais vous saviez, disiez-vous, l'histoire, la géographie, la chronologie, la fable, la philosophie.

ANGÉLIQUE.

Hélas! je le disais pour vous faire plaisir.

M. DES MAZURES.

Vous ne savez donc rien?

ANGÉLIQUE.

Je sais lire passablement, et j'apprends à écrire depuis deux mois.

M. DES MAZURES.

La peste! vous êtes fort avancée! Mais on me disait que vous aviez infiniment d'esprit.

ANGÉLIQUE.

Infiniment, cela est vrai. Je vous avoue, tout bonnement, que j'ai de l'esprit comme un ange.

M. DES MAZURES.

Et vous le dites vous-même?

ANGÉLIQUE.

Pourquoi non? Est-ce un péché que d'avoir de l'esprit?

M. DES MAZURES.

Ma foi, si c'en est un, je ne crois pas que vous deviez vous en accuser.

ANGÉLIQUE.

Vous me prenez donc pour une bête?

M. DES MAZURES.

Cela me paraît ainsi : mais, après ce qu'on m'a dit, je n'ose encore le croire. De grâce, ne me cachez plus votre mérite.

« Beau soleil, adorable aurore,
» Vous que j'aime, vous que j'adore,
» Déployez cet esprit que l'on m'a tant vanté,
» Et j'enchaîne à vos pieds ma tendre liberté.

Allons, imitez-moi; un petit impromptu de votre façon.

ANGÉLIQUE.

Oh! très-volontiers. Je vois qu'il faut vous contenter.

M. DES MAZURES.

Je sentais bien que vous me trompiez. Courage, belle Angélique, étalez enfin toutes vos merveilles.

ANGÉLIQUE, *feignant de rêver.*

Un petit moment, s'il vous plait.

M. DES MAZURES.

Volontiers.... Y êtes-vous?

ANGÉLIQUE.

Oui. Écoutez.

M. DES MAZURES.

J'écoute de toutes mes oreilles.

ANGÉLIQUE, *d'un air simple.*

« Monsieur, en vérité,
» Vous avez bien de la bonté :
» Je suis votre servante,
» Très-humble et très-obéissante.

M. DES MAZURES, *à part, en se levant.*

La peste soit de l'imbécile! Ah! madame la Baronne, vous m'en donnez à garder!

ANGÉLIQUE.

N'êtes-vous pas content?

(Elle se lève.)

M. DES MAZURES.

Charmé, je vous assure.

ANGÉLIQUE.

Vous me ravissez.

M. DES MAZURES.

Tout de bon? j'ai donc le talent de vous plaire?

ANGÉLIQUE, *faisant une révérence courte à chaque question.*

Oui, monsieur.

M. DES MAZURES.

Oh! je n'en doute pas. M'aimez-vous, mademoiselle?

ANGÉLIQUE.

Oui, monsieur.

M. DES MAZURES.

Et vous souhaitez que je vous épouse?

ANGÉLIQUE.

Oui, monsieur.

M. DES MAZURES, *à part.*

Voilà une fille qui n'est point fardée. (*Haut.*) Mais on dit que j'ai un rival.

ANGÉLIQUE.

Oui, monsieur.

M. DES MAZURES.

Que vous l'aimez de tout votre cœur?

ANGÉLIQUE.

Oui, monsieur.

M. DES MAZURES, *à part.*

En voici bien d'un autre!... (*Haut.*) Et que, si je vous épouse, je pourrais bien être...

ANGÉLIQUE, *faisant une profonde révérence.*

Oui, monsieur.

M. DES MAZURES, *à part.*

Au diable soit l'imbécile! Il n'y a plus moyen d'en douter : c'est une idiote. On voulait m'attraper, mais à bon chat, bon rat. (*Haut.*) Mademoiselle, je suis votre serviteur. Si vous avez besoin d'un mari, vous pouvez vous pourvoir ailleurs; ne comptez plus sur moi.

ANGÉLIQUE.

Vous ne voulez plus m'épouser?

M. DES MAZURES.

Non, sur ma foi.

ANGÉLIQUE.

Oh! vous m'épouserez.

M. DES MAZURES.

Moi? moi? je vous épouserais?

ANGÉLIQUE, *d'un ton vif.*

Oui : vous l'avez promis, et cela sera.

M. DES MAZURES, *à part.*

Voilà la preuve complète de sa bêtise.

ANGÉLIQUE, *feignant de pleurer.*

Que je suis malheureuse! Vous me méprisez, vous me désespérez; mais vous serez mon mari, ou... vous direz pourquoi.

M. DES MAZURES.

Oh! cela ne sera pas difficile. Tubleu! quelle commère, avec son innocence!

ANGÉLIQUE.

Allez, vous devriez mourir de honte, de me faire un pareil affront. Je m'en vais m'en plaindre à mon ch'père. Ah! ah! ah!

(Elle feint de pleurer et de sangloter.)

M. DES MAZURES.

A votre ch'père. Allez, vous êtes bien sa fille; aussi spirituelle que lui, tout au moins.

SCÈNE VI.

M. DES MAZURES, LE BARON, LA BARONNE, ANGÉLIQUE.

LE BARON, *à M. Des Mazures.*

Eh bien? N'êtes-vous pas charmé de l'esprit d'Angélique?

M. DES MAZURES.

Oh! oui, très-charmé. C'est un prodige. Vous me l'aviez bien dit.

LA BARONNE.

Que vois-je? ma fille tout en pleurs!

M. DES MAZURES, *s'essuyant le front.*

Et moi tout en eau.

LE BARON.

Comment? Qu'est-ce que cela veut dire?

M. DES MAZURES.

Cela veut dire que je n'ai jamais été à pareille fête.

LA BARONNE.

De quelle fête parlez-vous? Ma fille pleure et soupire.

M. DES MAZURES.

Je suis venu, je l'ai vu, je me suis convaincu... Cela me suffit.

LA BARONNE.

Et de quoi vous êtes-vous convaincu?

M. DES MAZURES.

Que vous me preniez pour un sot; mais je vous convaincrai, moi, que je ne le suis pas.

LA BARONNE.

Que veut-il dire, ma fille? expliquez-nous cette énigme.

ANGÉLIQUE, *pleurant et sanglotant.*

Hélas! je n'en ai pas la force. Tout ce que je puis vous répondre, c'est qu'il m'a dit cent impertinences, et qu'il soutient que je suis... que je suis... J'étouffe, je suffoque, et je me retire.

(Elle sort.)

SCÈNE VII.

M. DES MAZURES, LE BARON, LA BARONNE.

LE BARON.

Dire des impertinences à ma fille! Vous êtes un malavisé, monsieur Des Mazures.

LA BARONNE.

Pour moi, je n'y comprends rien. Expliquez-vous. Quel défaut trouvez-vous en ma fille? Vous avez dû vous apercevoir d'abord que ses sentimens sont aussi élevés que son esprit.

M. DES MAZURES.

Vous avez raison; l'un vaut l'autre.

LA BARONNE.

Qu'est-ce que cela signifie, mon cousin?

M. DES MAZURES.

Eh! fi! ma cousine.

LA BARONNE.

Quoi?

M. DES MAZURES.

Fi, vous dis-je : vous m'aviez vanté votre fille comme une personne admirable par ses grâces, par ses talens, et par son esprit...

LA BARONNE.

Sans doute.

M. DES MAZURES.

Et moi je vous la donne, soit dit sans vous offenser, pour la plus gauche, la plus ignorante, et la plus imbécile de toutes les créatures.

LA BARONNE.

Êtes-vous devenu fou, mon cousin, de parler ainsi d'une fille comme la nôtre?

LE BARON.

Corbleu! c'est votre portrait que vous faites, et non pas le sien.

M. DES MAZURES.

Quoi ! vous me soutiendrez qu'Angélique a de l'esprit?

LE BARON.

Cent fois plus que vous, et ce n'est pas trop dire.

LA BARONNE.

Personne n'en eut jamais plus qu'elle.

M. DES MAZURES.

Oh! il faut que vous ou moi nous radotions.

SCÈNE VIII.

M. DES MAZURES, LE COMTE, LE BARON, LA BARONNE, LA PRÉSIDENTE, LA COMTESSE, LE PRÉSIDENT.

LE COMTE.

A quoi vous amusez-vous donc, vous autres? Est-ce que nous ne dînerons point?

M. DES MAZURES, *l'embrassant.*

Ah! mon cher Comte! (*Il déclame.*) J'ai perdu l'appétit, ô douleur sans pareille!

LE COMTE.

Parbleu! je l'ai donc trouvé moi; car je meurs de faim.

LE PRÉSIDENT, *au Baron.*

Auriez-vous eu quelque altercation? vous me paraissez tous trois un peu altérés.

LE COMTE.

Altérés! ils le sont bien, s'ils le sont plus que moi.

LA PRÉSIDENTE.

Effectivement, je crois qu'il y a ici quelque dispute.

LE COMTE.

Il ne faut disputer qu'à qui boira le mieux.

LA COMTESSE.

Faites-nous confidence du fait, et nous vous ajusterons.

M. DES MAZURES.

Le voici. Monsieur le Baron et madame ma cousine me soutiennent que leur fille est un prodige de science et d'esprit; et moi je leur soutiens que c'est un prodige d'ignorance et de bêtise.

LA BARONNE.

En vérité, j'ai honte que mon cousin, que j'avais vanté pour un homme d'esprit, en témoigne si peu dans cette occasion.

M. DES MAZURES.

Et moi, je suis honteux que ma cousine, que je croyais judicieuse et sensée, veuille s'aveugler jusqu'à ce point. Je me donne au diable si j'ai jamais rien vu de si stupide que ce prétendu miracle de perfection.

LE BARON.

Par la ventrebleu !...

LA BARONNE.

Point d'emportement, mon cœur. Il nous est facile de nous justifier. Ces messieurs et ces dames ont du monde et de l'esprit ; je les prends pour juges de notre différent.

LE PRÉSIDENT.

Volontiers. J'appointe la cause. Condamnons la demoiselle Angélique à comparaître devant la Cour, pour exposer ses qualités et talens, perfections et imperfections, et se voir jugée définitivement. Défense au père, à la mère, et au futur conjoint, d'assister à l'audience en personne.

LE COMTE.

Ni par avocats : on se passera bien d'eux.

LE PRÉSIDENT.

Et ce, afin que ladite Cour puisse prononcer sans partialité ; telle est notre sentence provisoire. Messieurs et mesdames, la confirmez-vous ?

LE COMTE.

Oui. Mais à condition qu'avant que de juger, nous irons tous à la buvette.

LE BARON.

C'est bien dit.

LE COMTE.

J'ajoute encore une clause ; c'est que, pendant tout le repas, il ne sera question de rien, et que les procédures ne commenceront qu'après le dîner.

LE BARON.

On ne peut pas mieux conseiller. Allons. Le dîner nous attend.

M. DES MAZURES, *à la compagnie.*

Messieurs et mesdames, un petit mot avant que de sortir. (1)

« Mes chers amis, que ne puis-je assez boire
» Pour oublier ma déplorable histoire !
» Mais, grâce à mon malheur, mon sort est si fatal,
» Que le divin jus de la treille,
» Soit qu'il m'endorme, ou qu'il m'éveille,
» Ne saurait soulager mon mal. »

LA COMTESSE.

Toujours de l'esprit, monsieur Des Mazures.

M. DES MAZURES.

C'est mon défaut, je ne saurais m'en corriger.

(1) Le Comte, le Baron, la Baronne, la Présidente, M. Des Mazures, la Comtesse, le Président.

FIN DU SECOND ACTE.

ACTE TROISIÈME.

SCÈNE PREMIÈRE.

L'OLIVE, LÉANDRE, ANGÉLIQUE.

LÉANDRE.

Non, je n'ai jamais rien entendu de si plaisant que le récit de votre conversation avec M. Des Mazures. Comment avez-vous pu si bien contrefaire l'innocente, ayant autant d'esprit que vous en avez?

ANGÉLIQUE.

On a raison de dire que l'amour est un grand maître, et qu'il vient à bout de tout ce qu'il entreprend.

LÉANDRE.

Il nous le prouve d'une façon bien nouvelle.

L'OLIVE.

Avouez, mademoiselle, qu'il n'a pas fait ce miracle-là tout seul, et que la malice y a autant de part que l'amour.

ANGÉLIQUE.

J'en demeure d'accord. Ce m'est un plaisir bien vif de faire mon possible pour me conserver à ce que j'aime; mais c'en est un pour moi bien piquant, de berner un fat que je hais, et de lui jouer un tour qui le rendra ridicule à jamais.

L'OLIVE, *à Léandre.*

Je ne me trompais pas, comme vous voyez. Je connais les femmes.

ANGÉLIQUE.

Il n'en est pas quitte, et je lui réserve un autre plat de mon métier.

LÉANDRE.

Et quel est ce nouveau ragoût dont vous allez le régaler?

ANGÉLIQUE.

Je vais feindre en sa présence, et devant toute la compaguie, que le désespoir où je suis d'être forcée de l'épouser, me donne des vapeurs noires, et me fait devenir folle. Je dirai, je ferai tant d'extravagances, qu'il désirera bien moins d'être mon mari, que je n'ai envie d'être sa femme; c'est le coup de grâce que je lui préparé.

LÉANDRE.

Rien n'est mieux imaginé; et vous avez tout l'esprit qu'il faut pour bien jouer ce personnage.

L'OLIVE.

De notre côté, nous lui préparons un petit compliment qu'il trouvera fort incivil.

ANGÉLIQUE.

Léandre m'a confié ce projet, et je l'approuve. Il est question maintenant d'agir en conséquence de ce qui s'est passé entre mon père, ma mère, et M. Des Mazures.

LÉANDRE.

Que s'est-il donc passé? Et comment, n'étant point restée à table, avez-vous pu pénétrer?....

ANGÉLIQUE.

J'ai su, par Babet, que j'ai mise aux écoutes, qu'on doit me juger, et qu'on a nommé pour commissaires madame la comtesse, monsieur le président et sa chère épouse.

LÉANDRE.

Tout de bon?

ANGÉLIQUE.

Cela me fait naître une idée. Pour mieux brouiller monsieur Des Mazures avec mon père et ma mère, bien loin de faire l'imbécile en présence de mes juges, je vais prendre devant eux un ton si sublime, que mon phébus leur fera croire que je suis le plus bel esprit du monde. Ils soutiendront à monsieur Des Mazures qu'il s'est trompé sur mon sujet; et comme Babet, que j'ai instruite, doit l'avoir confirmé dans l'opinion que je suis une idiote, cela va former un embrouillement, dont s'ensuivra la rupture.

LÉANDRE.

Nos affaires prennent un bon tour.

ANGÉLIQUE.

Je vous en réponds. Mais j'entends un grand bruit. On se lève de table. Voici mes juges. Retirez-vous.

(LÉANDRE et L'OLIVE sortent.)

SCÈNE II.

ANGÉLIQUE, LA PRÉSIDENTE, LE PRÉSIDENT, LA COMTESSE.

LE PRÉSIDENT.

Oh ! oh! ce n'est point là l'abord d'une imbécile.

LA COMTESSE.

Ni d'une personne aussi maussade qu'on nous l'a dépeinte.

LA PRÉSIDENTE.

Au contraire, elle a tout-à-fait bon air. Écoutons ce qu'elle va dire.

(Elle s'assied ainsi que le Président et la Comtesse.)

ANGÉLIQUE.

On m'ordonne de comparaître devant mes juges, et j'obéis avec soumission.... Vous êtes ici, monsieur et mesdames, pour porter un jugement sur mon esprit.

LE PRÉSIDENT.

Oui, nous nous y sommes engagés.

ANGÉLIQUE.

L'entreprise est un peu hardie, monsieur le Président ; vous, dont la profession est de juger, ne sentez-vous pas qu'elle est bien scabreuse, et qu'elle expose à d'étranges bévues?

LE PRÉSIDENT, *à la Comtesse.*

Voilà une question qui m'embarrasse et me surprend.

ANGÉLIQUE.

Et vous, mesdames, vous, qui voulez aussi juger des autres, parlez, pourriez-vous bien juger de vous-mêmes?

LA PRÉSIDENTE, *à la Comtesse.*

Quelle innocente! Qu'en dites-vous, madame?

LA COMTESSE.

Que jamais idiote ne fit une pareille apostrophe.

ANGÉLIQUE.

Vous voulez juger de moi ! Mais, pour juger sainement, il faut une grande étendue de connaissances ; encore est-il bien douteux qu'il y en ait de certaines.

LE PRÉSIDENT, *à la Comtesse.*

Je tombe de mon haut.

LA COMTESSE.

Et moi des nues.

ANGÉLIQUE.

Avant donc que vous entrepreniez de prononcer sur mon sujet, je demande préalablement que vous examiniez avec moi nos connaissances en général, les degrés de ces connaissances, leur étendue, leur réalité; que nous convenions de ce que c'est que la vérité, et si la vérité se trouve effectivement. Après quoi nous traiterons des propositions universelles, des maximes, des propositions frivoles, et de la faiblesse ou de la solidité de nos lumières.

LE PRÉSIDENT.

Mademoiselle, dispensez-vous de cette discussion. Tout se réduit à un point fort simple : savoir, si vous avez de l'esprit, ou si vous n'en avez pas.

ANGÉLIQUE.

Eh! comment le connaîtrez-vous? Définissez-moi l'esprit, premièrement,.... et, si je suis contente de votre définition, je verrai si vous êtes capables de juger si j'ai de l'esprit, ou si je n'en ai pas. Car il ne suffit pas de dire des mots, il faut leur attacher des idées, et convenir de celles qui leur sont propres; mais c'est ce que la plupart des hommes négligent. De là procède la témérité, la fausseté de leurs jugemens. Ils apprennent les mots, à la vérité; mais, ignorant les vrais idées avec lesquelles ces mots ont leur liaison, ils forment des sons vides de sens, et parlent comme des perroquets. Quoi! vous me regardez tous trois sans rien dire!.... Qu'avez-vous à me répondre?

LE PRÉSIDENT.

Qu'il faut que M. Des Mazures ait perdu l'esprit, puisqu'il ose dire que vous êtes une bête.

LA COMTESSE.

Je le croyais un grand homme; mais me voilà bien désabusée.

LA PRÉSIDENTE.

Pour moi, je suis saisie d'étonnement.

ANGÉLIQUE.

Peu de chose vous étonne, à ce que je vois.... Mais si je vous disais....

LE PRÉSIDENT, *se levant.*

Je prononce, sans aller aux voix, que vous avez infiniment d'esprit, et que vous êtes très-savante.

LA PRÉSIDENTE, *se levant.*

Je prononce de même.

LA COMTESSE, *se levant.*

Et moi, je le soutiendrai contre toute la terre. (1)

ANGÉLIQUE.

Vous m'accordez l'esprit, vous m'accordez la science! c'est me faire bien de l'honneur; mais je serais bien plus flattée, si vous m'accordiez le jugement et la raison, heureuses et rares qualités!

LA PRÉSIDENTE.

Vous les avez aussi: nous n'en doutons pas.

ANGÉLIQUE.

Dites que je les avais, mais que je les ai perdues.

LA COMTESSE.

Cela ne nous paraît point.

ANGÉLIQUE.

Vous ne vous en apercevrez peut-être que trop tôt. Si vous me voyiez dans mes noires vapeurs....

(Elle se met à rêver.)

LA COMTESSE, *bas.*

Oh, oh! la voilà tombée dans une profonde rêverie! (2) (*Haut.*) Pourrait-on savoir, mademoiselle, à quoi vous pensez si sérieusement?

ANGÉLIQUE, *feignant de sortir de sa rêverie.*

Ne pourrais-je point, tandis que je suis seule, me fixer à l'un de ces deux différens systèmes de la physique moderne?

LA PRÉSIDENTE, *bas.*

Tandis qu'elle est seule?

LA COMTESSE, *bas.*

Il y a du dérangement dans cet esprit-là.

ANGÉLIQUE.

J'aime les tourbillons, mais j'ai peine à résister à l'attraction. Descartes me ravit, et Newton m'entraîne.

(1) Angélique, la Présidente, la Comtesse, le Président.
(2) Angélique, la Comtesse, la Présidente, le Président.

LA COMTESSE.

Mademoiselle, laissez ces matières abstraites, et songez que nous sommes avec vous.

ANGÉLIQUE, *feignant de la surprise.*

Ah! c'est vous, madame la Comtesse! vous venez à propos pour me déterminer, et je suivrai votre avis. Le système des tourbillons vous paraît-il préférable à celui de l'attraction?

LA COMTESSE.

Oh! je suis furieusement pour l'attraction; j'aime tout ce qui attire.

ANGÉLIQUE.

Je m'en étais doutée. Et madame la Présidente?

LA PRÉSIDENTE.

Pour moi je me jette à corps perdu dans les tourbillons. (*Au Président.*) Je ne sais ce que je dis, mais il faut lui répondre.

LA COMTESSE, *à la Présidente.*

Vous faites bien. Je me trompe fort si cette aimable personne n'extravague pas de temps en temps.

LA PRÉSIDENTE, *à la Comtesse.*

Je crois qu'à force d'étudier elle s'est brouillé la cervelle.

ANGÉLIQUE, *après avoir rêvé.*

Non; je ne reviens point de ma surprise et de mon indignation.

LE PRÉSIDENT, *à la Comtesse.*

Voici quelque autre idée qui lui passe par la tête.

ANGÉLIQUE.

La bile me domine, j'entre en fureur.

LA PRÉSIDENTE.

Ah! bon Dieu! prenons garde à nous.

ANGÉLIQUE.

Oui, je deviens furieuse lorsque je pense qu'un original comme Des Mazures ose se flatter d'effacer de mon cœur le digne objet de mon estime et de mon amour. Écoutez tous le serment que je fais. Je jure, par le Styx, que, s'il ne se désiste pas de sa prétention, il ne mourra jamais que de ma main.

LA COMTESSE.

Sa cervelle s'échauffe. Je crois qu'il est temps de nous retirer.

ANGÉLIQUE.

Il dit que je suis gauche. Prenez garde à ces révérences. (*Elle fait des révérences de très-bonne grâce.*) Que je marche mal. Voyez de quel air j'entre dans une chambre; avec quelle grâce je m'y prends. (*Elle marche avec grâce et va au Président, à qui elle présente la main.*) Allons, monsieur le Président, un petit menuet avec moi.

LE PRÉSIDENT.

Excusez-moi, mademoiselle, je ne danse jamais.

ANGÉLIQUE.

Vous ne dansez jamais! Oh! parbleu, nous danserons ensemble.

LA PRÉSIDENTE, *au Président.*

Dansez bien ou mal; il ne faut pas l'irriter.

ANGÉLIQUE *chante, et de temps en temps s'interrompt pour parler au Président.*

Allons, gai, monsieur le Président. Tenez-vous droit, monsieur le Président. Tournez donc.

SCÈNE III.

LE PRÉSIDENT, LA PRÉSIDENTE, LA COMTESSE, LA BARONNE, ANGÉLIQUE, M. DES MAZURES.

ANGÉLIQUE.

En cadence, monsieur le Président, en cadence. Ah! que la justice a mauvaise grâce!

LA BARONNE.

Que vois-je? monsieur le Président qui danse avec ma fille!

LE PRÉSIDENT.

Au moins, c'est elle qui l'a voulu.

LA BARONNE.

Êtes-vous folle, ma fille, de faire danser un grave magistrat? Que veut dire ceci?

LA PRÉSIDENTE.

Ne la tourmentez point, madame.

LA BARONNE.

Comment! que je ne la tourmente point?

LA COMTESSE.

Non vraiment. Ne voyez-vous pas qu'elle est dans ses vapeurs.

M. DES MAZURES.

Mademoiselle a des vapeurs! voilà une nouvelle perfection dont je ne m'étais pas aperçu.

LA BARONNE.

Finissons ce badinage, je vous prie, et venons au fait. Avez-vous entretenu ma fille, et la trouvez-vous une idiote?

LE PRÉSIDENT.

Je prononce qu'elle a tout l'esprit qu'on peut avoir.

LA PRÉSIDENTE.

C'est un prodige de science.

LA COMTESSE.

Sa science et son esprit sont ornés de toutes les grâces qu'on admire dans les personnes les plus charmantes. Paris et la Cour ne peuvent rien offrir de plus parfait.

M. DES MAZURES.

Oh! vous me feriez devenir fou. Je sais bien ce que j'ai vu, je sais bien ce que j'ai entendu; je ne rêvais point, et je ne rêve point encore.

LA BARONNE.

Voilà une opiniâtreté que je ne puis plus soutenir. Allez, monsieur, vous ne méritez pas l'estime que j'avais pour vous, et je commence à me repentir...

M. DES MAZURES.

Oui, oui, fâchez-vous, fâchez-vous : je ne suis point dupe, je vous en avertis; vous avez beau vous entendre tous tant que vous êtes, on ne m'en donne point à garder.

LA BARONNE.

Oh! c'est pousser ma patience à bout. Approchez, Angélique; il n'est plus question de garder le silence. Voyons si vous êtes une bête.

ANGÉLIQUE.

Hélas! je ne sais plus ce que je suis.

LA BARONNE.

Comment donc ? Parlez, parlez : faut-il tant presser une fille de parler ?

ANGÉLIQUE.

Que vous dirai-je ? Tout ce que je puis vous dire, c'est que je suis au désespoir !

LA BARONNE.

Au désespoir ! Et pourquoi ?

ANGÉLIQUE.

Je suis dans une tristesse, dans une mélancolie qui m'arrache des larmes.

(*Elle pleure.*)

LA BARONNE.

Eh, mon Dieu ! qu'a-t-elle donc ?

LE PRÉSIDENT.

Elle rentre dans ses vapeurs.

LA BARONNE.

Vous vous moquez de moi, avec vos vapeurs.

ANGÉLIQUE.

Oui, quand je vois ce M. Des Mazures, je le trouve si plaisant, si original, si comique, que je ne puis m'empêcher de rire, ah, ah, ah !

(*Elle rit démesurément.*)

LA BARONNE.

O Ciel ! est-ce que l'amour lui aurait tourné l'esprit ?

ANGÉLIQUE, *prenant M. Des Mazures par la main.*

Ne vous désespérez pas, mon cher Léandre.

M. DES MAZURES.

Moi, Léandre !

ANGÉLIQUE.

Ne vous désespérez pas, vous dis-je. Il lève les yeux au ciel ! La rage est peinte sur son visage ! Que va-t-il faire ? Il tire son épée ! Il veut se percer le cœur ! Ah ! cruel ! ah ! barbare ! Perce donc le mien, avant que de te priver du jour. Oui, je veux expirer sous tes coups. (*M. Des Mazures s'éloigne d'elle.*) Mais l'ingrat me fuit, il m'échappe pour exécuter son dessein tragique. Non, non, je ne t'en donnerai pas le loisir, je te suivrai partout. J'arrêterai ton bras, ou ton bras nous assassinera l'un et l'autre. Veux-tu que je vive après toi pour me livrer à Des Mazures? Non, donne-moi cette épée, dont tu veux te servir pour me priver de ce que j'aime : (*Elle arrache l'épée de M. Des Mazures.*) j'en veux faire un meilleur usage, et je vais percer le cœur de ton rival.

(Des Mazures passe vite d'un autre côté; elle court après le Président qui fuit devant elle.)

LE PRÉSIDENT.

Arrêtez, mademoiselle! vous me prenez pour un autre; je ne suis point le rival de Léandre; je suis un grave magistrat, un Président de l'élection.

(Angélique le laisse, et va se jeter dans un fauteuil, toute hors d'haleine.)

(1) LA PRÉSIDENTE.

Ah! mon cher époux, êtes-vous mort?

LE PRÉSIDENT.

Je crois que non, ma chère épouse; mais je n'en vaux guère mieux.

M. DES MAZURES.

Parbleu! j'allais faire un beau mariage! épouser une bête enragée. (2) Je vous baise les mains, madame la Baronne.

LA BARONNE.

Hélas! mon cousin, attendez un moment, que nous voyions ce que ceci deviendra.

M. DES MAZURES.

Je suis votre valet. Si elle m'allait reconnaître...

LA BARONNE.

Eh bien! tâchez de lui ôter votre épée.

M. DES MAZURES.

Dieu m'en préserve. Je lui en fais présent du meilleur de mon cœur.

LA BARONNE.

Ma fille, ma chère Angélique, rappelez vos sens, reconnaissez-moi.

ANGÉLIQUE.

Ah! mon père, mon tendre père!

(1) M. Des Mazures, le Président, la Présidente, la Comtesse, la Baronne, Angélique.

(2) Le Président, la Présidente, la Comtesse, M. des Mazures, la Baronne, Angélique.

LA BARONNE.

Hélas ! elle me prend pour monsieur le Baron.

ANGÉLIQUE, *se jetant aux genoux de sa mère.*

En quel état me réduisez-vous ! Ayez pitié de ma faiblesse. Je ne vous l'ai point cachée, Mes larmes et mes soupirs vous en avaient instruit, avant que ma bouche vous l'eût confirmée ; mais vous m'avez abandonnée à l'autorité d'une mère inflexible, qui veut que sa volonté règle les mouvemens de mon cœur, et qui m'arrache au plus aimable de tous les hommes pour me sacrifier à l'objet de mon aversion. (*Elle se lève.*) Je ne puis vous toucher, vous voulez tous deux ma mort ; il faut vous satisfaire.

LA BARONNE.

Ah ! quel égarement ! (*Elle désarme sa fille, et remet l'épée à M. Des Mazures.*) Ma chère fille, ouvre les yeux, reconnais ta mère. L'état où je te vois ranime toute la tendresse que j'aie eue pour toi. Malheureuse que je suis ! c'est moi qui ai causé son extravagance.

M. DES MAZURES.

Dites-moi, madame, ces accès-là lui prennent-ils souvent ?

LA BARONNE.

Je vous jure que voilà la première fois que je l'ai vue en cet état. Apparemment que c'est l'aversion dont elle s'est prise pour vous qui lui a tourné la cervelle.

SCÈNE IV.

LE PRÉSIDENT, LA PRÉSIDENTE, LA COMTESSE, M. DES MAZURES, L'OLIVE, LA BARONNE, ANGÉLIQUE.

L'OLIVE.

Ne pourrez-vous point me dire, par aventure, où je pourrai trouver l'original que je cherche ?

M. DES MAZURES.

Et qui est cet original, mon ami ?

L'OLIVE.

Pargué ! c'est vous-même.

M. DES MAZURES.

Insolent! sans le respect que j'ai pour la compagnie, je t'apprendrais à parler; je t'en dois aussi-bien qu'à ton camarade.

L'OLIVE.

Eh! morgué, ne vous fâchez pas, je vous apporte un petit billet doux qui vous divartira peut-être.

M. DES MAZURES.

Un billet doux; et de qui est-il?

L'OLIVE.

D'un biau monsieur tout galonné que je ne connais point. J'ai pris bravement deux louis d'or qu'il a boutés dans ma main; et vlà son billet que je boute dans la vôtre gratis.

LA BARONNE.

Je soupçonne d'où il vient. Lisez haut, je vous prie.

M. DES MAZURES *lit*.

« Avant que vous épousiez Angélique, je suis curieux de
» savoir si vous la méritez mieux que moi. Je vous attends
» dans le petit bois pour décider cette affaire : venez m'y
» trouver au plus vite, sinon j'irai vous chercher, fussiez-
» vous au fond des enfers.

« LÉANDRE. »

LA COMTESSE.

Voilà une affaire sérieuse, et je me persuade que vous vous en tirerez galamment.

M. DES MAZURES.

Très-galamment, je vous jure. Mon ami, va-t-en dire à celui qui t'a chargé de ce billet, que nous ne nous battrons point pour savoir à qui Angélique demeurera, et que je la lui cède de tout mon cœur.

(L'OLIVE sort.)

SCÈNE V.

LE PRÉSIDENT, LA PRÉSIDENTE, LA COMTESSE, M. DES MAZURES, LA BARONNE, ANGÉLIQUE.

M. DES MAZURES.

Moi, m'aller battre pour une folle! Je n'ai point de gorge à couper pour elle.

LA BARONNE.

Si bien donc, monsieur, que vous rompez les engagemens que nous avions ensemble?

M. DES MAZURES.

Très-solennellement. Ce monsieur et ces dames seront témoins que je vous rends votre parole. Rendez-moi la mienne.

LA BARONNE.

Volontiers, je vous jure, et je voudrais ne l'avoir jamais reçue.

ANGÉLIQUE, *se levant brusquement, ce qui effraie M. Des Mazures et le Président.*

Parlez-vous sérieusement, madame?

LA BARONNE.

Ah! elle me reconnait! Oui, ma chère fille, du plus profond de mon cœur.

ANGÉLIQUE.

Me promettez-vous aussi, devant la compagnie, de ne plus vous opposer à mon mariage avec Léandre?

LA BARONNE.

Que le Ciel me punisse si j'y apporte le moindre obstacle.

ANGÉLIQUE.

J'embrasse vos genoux pour vous remercier de cette grâce, et pour vous demander mille pardons des alarmes que je vous ai causées. Grâce au Ciel, je ne suis ni bête ni folle.

LE PRÉSIDENT.

Oh, oh! voici bien une autre transition!

ANGÉLIQUE.

Mais j'ai affecté de le paraître pour dégoûter de moi M. Des Mazures. Pardonnez à l'amour l'artifice qu'il m'a suggéré, et dont je me suis servie avec tant de succès.

M. DES MAZURES.

Ce n'est plus une bête qui parle.

LA PRÉSIDENTE.

Ni une folle non plus, sur ma parole.

M. DES MAZURES.

Je crois, Dieu me le pardonne, qu'elle a de l'esprit par accès.

LA BARONNE.

Quoi, ma fille, est-il bien possible que vous ayez pu vous contrefaire à ce point?

ANGÉLIQUE.

Je n'en rougis que par rapport à vous. Trop heureuse si ma soumission vous touche, et vous engage à combler mes vœux.

LA BARONNE.

Je vous confirme la parole que je vous ai donnée de ne me plus opposer à vos inclinations. (*A M. Des Mazures.*) Vous voyez à présent, monsieur, si ma fille est une sotte.

M. DES MAZURES.

J'enrage de l'avoir cru. C'est moi qui suis le sot présentement.

LA BARONNE.

Où est Léandre?

ANGÉLIQUE.

Je crois qu'il est allé se jeter aux genoux de mon père.

SCÈNE VI.

M. DES MAZURES, LE PRÉSIDENT, LA PRÉSIDENTE, LA COMTESSE, *LE COMTE*, *LE BARON*, *LÉANDRE*, *en habit de cavalier*; LA BARONNE, ANGÉLIQUE.

LE COMTE.

Je suis très content de ce garçon-là, et je veux qu'il soit ton gendre.

LE BARON.

Oui, corbleu! il le sera, puisque je lui ai donné ma parole.

LE COMTE.

C'est le fils d'un de mes meilleurs amis, et je te le recommande.

LE BARON, *s'approchant.*

C'est une affaire faite. (*S'approchant.*) Monsieur Des Mazures, votre serviteur. Je suis bien aise de vous voir. Quand vous en retournez-vous?

M. DES MAZURES.

Tout au plus tôt, je vous jure, car je pars.

(Il sort précipitamment en voyant Léandre.)

SCÈNE VII, et dernière.

LE PRÉSIDENT, LA PRÉSIDENTE, LA COMTESSE, LE COMTE, LE BARON, *LÉANDRE*, LA BARONNE, ANGÉLIQUE.

LE BARON, *à Léandre.*

Approchez, mon gendre, approchez.

LA BARONNE.

Que vois-je? Si je ne me trompe, c'est Nicolas en habit de cavalier.

LÉANDRE.

Vous voyez, madame, que l'amour cause ici bien des métamorphoses.

LA BARONNE.

Je ne m'étonne plus, monsieur Nicolas, si vous étiez si prévenu contre mon cousin.

LÉANDRE.

Daignez excuser mon déguisement, madame, et confirmer la cession que me fait M. Des Mazures.

LA BARONNE.

Soyez mon gendre, puisqu'il faut que j'en passe par-là.

LE BARON.

Eh bien, ma fille, vous voyez que je suis le maître; et je vous ordonne d'accepter Léandre pour votre mari, sous peine de ma malédiction.

ANGÉLIQUE.

Je vous proteste, mon père, que je suis trop scrupuleuse pour m'exposer à ce malheur. J'obéirai quand il vous plaira.

FIN DU TROISIÈME ET DERNIER ACTE.

www.ingramcontent.com/pod-product-compliance
Lightning Source LLC
LaVergne TN
LVHW010624110826
845149LV00003B/1040

9782019200961